전민동에서
고려와 조선을 만나다.

| 우리동네 문화유산 답사 |

田民洞由來碑

김미숙 지음

여기가 유성구 전민동 아리고개는 옛 회덕현의 서북쪽 고개길이다. 옛 기록에 전
眞民驛이 있었다고 하고 古老들의 전언에 17세기 후반에 그 아래로 옮겼다고
고개의 골짜기가 바로 그 遺墟이다. 회덕읍지와 고지도 등에 의하면 정민역은
이에 있었고 정민역의 뒤편에는 아리고개가 걸쳐 있었으며 좌우로는 얕은 산으로
남쪽 아래에는 작은 방죽과 활쏘는 사장터가 있었고 더 아래에는 넓따란 역범
아트 일원)이 위치하고 있었다.
전통 시대의 驛은 공무를 수행하는 관인의 여행을 돕고 공물을 운송하는 공무
마다 설치되었다. 정민역은 고려시대에는 全公州道에 속하였고 조선시대에
청주의 栗峰道에 차례로 속하였는데 그 규모는 馬 8필과 驛史31인이 상주
나 정민역은 고려와 조선의 1,000여년의 역사에서 대전지방에 설치된 유일한
의 交通文化의 요람이었다. 동으로는 옥천의 증약역을 거쳐 慶尚道로 연결되
역을 거쳐 내포에 연결되며, 남으로는 연산의 평천역을 거쳐 全羅道에 이어지
덕유역을 거쳐 淸州 서울로 이어졌으니 三南과 서울을 잇는 교통의 요지였
철도가 개통되면서 대전교통문화의 중심은 현재의 대전역으로 옮겨졌다. 적오산성과
! 정민역의 전성기는 가고 없지만 그 자취는 아직도 남겨져있다. 적오산성과
내 따라 방리에 꽃바람 불면 청류동에서 적오성까지 말 가지들이
溪 方里春風 靑柳連城 係馬於枝)"라 한 것을 보면 조선시대에 정민역을 오가
취가 한권의 漢詩로 남길 만한 것이었음을 알게한다. 이 역사의 현장에 貞民驛
우리 대전의 교통문화의 중심이고 요람이었음을 밝히는 바이다.

동인
문화사

| 차 례 |

전민동은《구운몽》의 작가 서포 김만중과 관련이 많다. 그의 문학비, 정려각, 석상, 충효소설비가 있고, 부모님 산소, 조부모님 산소와 그의 모습을 알 수 있게 영정을 그린 조카 김진규의 묘 등이 있다. 그리고 할아버지 신도비와 아버지, 할머니의 정려각이 있다.

이와 관련해 대전광역시에서는 3건의 문화유산자료를 지정했다. <김반·김익겸의 묘>와 <연산서씨·김익겸 정려>, 대전시립박물관에 있는 <서포 김만중 영정>이다. 현재 김만중 정려각에는 서포 영정 (초상화) 모습대로 만들어진 석상이 모셔져 있다.

또한 전민동에는 천년의 역사를 품은 '정민역(전민역)' 유허지가 있어 '역원제도'를 생동감 있게 느낄 수 있다.

우리 동네 문화유산과 학교 공부를 연계해서 <자료집>으로 활용할 수 있고, <마을산책 가이드북>으로 추천한다. 앞으로 김만중 관련 동호회도 만들어지길 희망한다.

전민동에 오래 살다보니 내가 사는 동네 역사에도 관심을 가지게 되었다. 작년 가을부터 자료를 찾고 정리하는데 많은 시간을 썼지만 재미있는 시간이 되었다. 여러분도 즐거운 역사여행 시간이 되길 바란다.

책을 쓰는 동안 많은 자료와 조언을 주신 분들께 감사드린다.

2024년 8월

김 미 숙

| 역사 관련 내용 |

역원제도, 정려(각), 삼강, 신도비, 인조반정, 이괄의 난, 병자호란, 강화도, 명·청 교체기, 17세기 인조-효종-현종-숙종 임금 시기, 인현왕후와 장희빈, 서인과 남인, 숙종의 환국정치와 왕비와의 관계, 김만중, 유배문학, 구운몽, 사씨남정기, 책비, 전기수, 행장, 단청, 전통가옥의 지붕, 한 칸짜리 건물, 무덤의 변천 과정, 문인석과 무인석, 김장생, 김집, 송시열, 송준길, 김상헌, 봉수대, 마패, 조선의 도로, 대제학, 예학, 회덕현 (주,부,군,현), 육로와 강로, 미륵원 등

일 | 러 | 두 | 기

1. 이해를 돕기 위해 현재 사용하는 친숙한 용어로 바꾸어 사용하기도 했다.

2. 우리동네 문화유산은 걸어서 또는 대중버스로 쉽게 접근할 수 있다. 관련 역사를 배울 때 〈자료집〉으로 활용할 수 있다.

3. 본문은 역사 기록을 근거로 썼고, 매 코스 끝부분에 이 글과 관련된 사건이나 인물들에 대해 확장해 볼 수 있도록 다양한 주제들을 준비했다. 난이도가 쉬운 것도 있고 어려운 것도 있으므로 자신에게 맞는 주제를 선택해서 자유로운 토론 시간을 가져보길 바란다.

4. 각 코스가 끝날 때마다 빈 페이지을 두었다. 답사시 메모장으로 쓰거나 생각 넓히기에 사용하면 된다. 또한 더 많은 내용에 관심 있는 분들은 추가 기록장으로 쓸 수 있다.

5. 전민동은 행정동으로 문지동과 원촌동을 포함한다. 이 책에는 법정동의 전민동에 집중했다. 여건이 된다면 문지동과 원촌동도 쓸 생각이다.

6. 나이는 출생일과 사망일의 기록이 남아있지 않거나 음력과 양력 때문에 실제와 한두살 차이 날 수 있다. 그럼에도 나이를 표기한 이유는 그 당시 상황과 인물들의 생애를 이해하는 데 도움이 되었으면 해서이다.

7. 멀리 있는 문화유산에 답사 가기 전에 가까운 장소의 문화유산도 적극 활용하길 바란다.

8. '문화재'란 용어가 '국가유산'으로 바뀌는 시기(2024.5.17부터 변경)에 책을 썼다는 점을 참고해 주기 바란다.

전민동에서
고려와 조선을 만나다

전민동 답사
1

서포 김만중선생 문학비

《구운몽》 작가, 서포 김만중 이야기

※ 도로명 : 대전광역시 유성구 유성대로 1665번길 21-8
※ 지　번 : 대전광역시 유성구 전민동 250-2
※ 서포 김만중 영정 : 대전광역시 문화유산자료

서포와 전민동

　조선시대 소설《구운몽》과《사씨남정기》의 작가 서포 김만중(1637~92)은 전민동과 아주 관련이 많다. 할아버지와 아버지 '김반·김익겸의 묘'가 있고, 그 아래에 그의 효 정려각, 석상, 문학비, 충효소설비가 있다. 《구운몽》은 누구나 한 번쯤은 들어봤거나 학창시절 열심히 외웠던 추억이 있는 소설 제목이다. 당시 인기 소설이었고, 지금도 스테디셀러다. 또한 해외 8개국에 번역 출간된 고전 중의 고전으로 세계의 독자들과 만나고 있다. 훌륭한 학자이자 소설가, 정치가였던 김만중을 전민동에서 만나보자.

조카 김진규가 그린 서포 김만중 영정
(대전광역시 문화유산자료, 대전시립박물관 소장)

정려각 안에 모셔진 석상

서포의 생애

출생	인조 15년, 1637년 음력 2월10일	바다 한가운데 배 안에서 출생
사망	숙종 18년, 1692년 음력 4월30일	유배지 남해에서 56세로 사망

병자호란은 청군대가 조선 땅에 들어온 기준으로 보면 음력으로 1636
년 12월 8일 일어났고, 다음 해 1월 22일 강화도가 함락됐으며 1월 30
일 인조 임금은 항복으로 끝난다. 양력으로는 12월 28일부터 1637년 2
월 24일이다. 전쟁 시작일은 조선 국경을 넘기 전 청나라 군대의 출발
기준으로 보면 일주일 정도 앞당겨진다.

서포는 병자호란이 끝나고 피난지 강화도를 떠나는 배 위에서 유복자로 태어난다. 부친은 강화도가 청군에 함락되는 걸 차마 볼 수 없어 강화산성 남문에서 순절한지 얼마되지 않은 상황이었다. 사회가 혼란한 시기에 배에서 태어나서 아명(어릴 적 이름)은 선생(船生)이고, 자는 중숙, 호는 서포이다.

사망지는 세 번째 유배지인 남해이다. 묘의 위치는 현재 갈 수 없는 DMZ 내에 있다. 장단부 대덕산으로 장단부는 장단군이 되었다가 현재는 파주시 장단면과 경계에 있다. 그의 모습은 조카인 죽천 김진규가 그린 서포의 영정(초상화)이 남아있어 추측할 수 있다. 영정은 묘 아래에 살았던 종가에서 보관하다가 종손이 남하하면서 보존되었다.

서포 김만중의 '효' 정려각

서포에게 전민동(정민리)은 한평생 그리움의 장소였을 것이고, 여건이 될 때마다 방문했을 것이다. '정려'는 지금의 표창장으로 볼 수 있는데, 서포의 효 정려각은 현재 부모님 산소 아래 위치한다. 그가 사후 14년 (1706년) 되던 해, 삼강(충, 효, 열) 중에 '효'에 대한 정려를 숙종 임금에게 받는다. 원래는 그의 묘 아래에 있었지만, 1999년 후손들에 의해 현재 위치에 다시 세워졌다.

최고의 가문에서 유복자로 태어나다.

서포는 전쟁으로 아수라장이 된 조선 중기 서인 핵심 집안에서 태어난다. 부계로는 증조할아버지가 사계 김장생이고, 큰할아버지는 신독재 김집이다. 할아버지 김반은 고위 공무원이고, 아버지는 20대 초에 순절한 국가유공자였다. 모계로는 어머니가 선조 임금의 딸 정혜옹주의 손녀로 왕족의 피가 흐른다. 정혜옹주의 어머니 인빈 김씨(선조의 후궁) 는 인조 임금의 아버지 정원군(정원군, 선조의 5남)도 낳았다. 서포의 어머니 윤씨부인은 인조 임금과도 혈족이었다.

승승장구의 삶과 세 번의 유배

29세부터 51세까지, 그의 관직 생활은 시련은 있었어도 승승장구의 삶이기도 했다. 서포 나이 38세부터 44세까지는 조카가 왕비로 있었다. 이후 여러 관직을 거치면서 대제학에 오르는 영광까지 누린다. 하지만 숙종 임금은 아버지 현종 임금 때 신하들의 힘이 너무 강했던 걸 보았기에 신권을 누르고 왕권을 강화시키려 노력한다. 그래서 주력 정치당을 한꺼번에 바꾸는 환국정치도 여러 번 하게 된다. 이로써 서인 핵심 집안 출신 정치가였던 50대의 김만중도 당쟁에서 자유로울 수 없었다.

그는 평생 세 번의 유배를 가게 된다. 첫 번째 유배는 38세 때 금성으로 간다. 지금의 강원도 고성이고, 다른 유배지에 비하면 그리 멀지 않다. 두 달 후쯤, 현종 임금이 돌아가시고, 숙종이 왕위에 오르면서 세자빈이었던 조카딸이 왕비가 되면서 풀려난다.

두 번째 유배는 51세(1687년 숙종 13년) 되던 해에 평안도 선천으로 간다. 그해 서포 집안은 참으로 파란만장하다. 3월, 친형이자 유일한 형제였던 서석 김만기가 병사했다. 숙종의 첫 번째 장인이자 인경왕후의 아버지이다. 8월에 외아들 진화가 장원급제했고 9월에 자신이 유배를 간다. 노모는 큰아들의 죽음과 유복자 서포의 유배 상황을 견뎌야 했다. 이 시기에 어머니를 위로하기 위해 《구운몽》을 썼다고 전해진다. 물론 당대 최고의 학자로 단순히 어머니를 위로하기 위함만은 아닐 것이다. 요즘 드라마나 영화에 자주 나오는 '차원'을 넘나드는 내용이 17세기에 이미 사용되고 있다.

김만중의 '호'는 서포인데, 선천 지역에 서포라는 지명이 있어 직접 지었다고 한다. 선천은 신의주 아래쪽으로 조선 시대 10대 도로망 중 1번 도로(평양-안주-선천-의주)가 지나가는 곳에 위치한다. 육로로 중국에 갈 때 중요한 길이었다. 현재도 평안북도 선천군으로 남아있다. 이곳에서 14개월 동안 있으면서 다양한 사람들과 교류한다.

53세 (1689년), 세 번째 유배지 남해로 가다.

　선천에서 풀려난 지 몇 개월 후, 다시 탄핵을 받고 유배를 떠난다. 유배지는 우리나라에서 다섯 번째로 큰 섬 남해이다. 당시의 상황은 장희빈이 왕비가 되었고, 서인들이 대거 쫓겨나는 '기사환국'이 있었다. 이때 친조카들이자 인경왕후의 오빠들인 김진구와 김진규도 제주와 거제도로 유배를 간다. 83세의 우암 송시열도 제주로 유배 갔다 다시 서울로 압송되던 길에 사약을 받고 죽는다.

　그해 12월, 결국 유복자로 자신을 낳고 키우신 늙으신 어머니가 사망한다. 유배 중이어서 임종을 지킬 수 없었고 다음 해에야 소식을 듣게 된다. 어머니에 대한 마음이 특별했던 그는 절망적이었을 것이다. 그런 여건하에서 어머니의 행장을 쓴다. '행장'은 죽은 사람의 일생을 적은 글이다. 그리고 《사씨남정기》도 집필한다. 당시 인현왕후와 장희빈의 갈등을 풍자해서 쓴 소설로 많은 사람들이 읽게 되는데, 숙종도 읽었을 거라고 한다. 1692년, 56세의 서포는 유배 온 지 3년 만에 지친 마음과 풍토병으로 유배지 남해에서 사망한다.

　조선은 한문을 중심으로 사용했던 시대였고, 그는 최고의 학문으로 인정받던 대제학에 오른 사람이었다. 한문으로 써야 인정받던 시대에 한글로 소설을 썼다. 흔히 《구운몽》은 인생무상, 일장춘몽으로 알고 있지만 이 소설이 가지는 의미는 그리 단순하지 않다. 조선의 독자와 현재의 독자 그리고 다른 나라 독자들까지도 재미와 깨달음을 주는 소설이다. 유교가 중심인 나라 조선에서 불교와 도교 사상까지 포함되어 있다. 한글로 쓰여져 쉽게 읽을 수 있고 조선시대 소설 읽기의 대유행을 만든 작품이기도 하다. 또한 많은 후대 작가들에게 영향을 주어 '몽'자류 소설들이 등장하기도 한다.

구운몽

사씨남정기

효 '정려각'과 '시비' 그리고 '석상봉안식'

2006년 3월 10일, 초상화의 모습대로 돌로 형상을 만들어 정려각 안에 모시는 석상봉안식이 있었다. 이곳에서 <작가와의 만남> 시간을 가지길 바란다.

석상봉안식 안내 현수막   석상봉안식 진행 모습

숙종 임금과 정치가로서의 서포

숙종은 <인현왕후와 장희빈>이라는 부인들 때문에 현대에 와서도 최고의 배우들이 출연하는 드라마의 남우주인공 임금이다. 또한 서포를 말년에 남해섬으로 유배를 보내고 그곳에서 죽게 한 왕이기도 하다.

숙종의 환국 정치

환국을 쉽게 설명하면 현재 어느 당 출신이 대통령으로 당선되면 환국과 비슷한 현상이 된다고 볼 수 있다. 고위관직의 인물들이 당선당의 인물들로 대거 교체하여 그들의 정치이념을 펼치고자 하는 것이다. 정치적으로 조선도 여당과 야당(서인과 남인 등등)의 대립이 치열했다. 어느 당이 당시 중요한 논쟁에서 이기면 이긴 당의 인물들이 벼슬자리를 대부분 차지하고 다른 당의 관료들은 관직에서 물러나거나 유배를 가기도 했다.

서포가 사망한 해의 왕비는 장희빈이었다. 숙종은 조선 시대 왕 중에서 두 번째로 긴 46년이라는 재위 기간을 가진다. 아버지(현종)와 할아버지(효종)도 모두 임금이었다. 왕세자 수업도 착실히 거쳤고, 대부분의 왕들이 적장자가 아닌 것 때문에 가졌던 콤플렉스도 없었고 똑똑했다. 아버지가 왕이었을 때, 상복을 몇 년 입을 것인가를 두고 신하들이 두 번이나 치열하게 싸우는 것도 보았다. 그래서 이전의 강한 '신권'을 누르고 '왕권' 강화를 위해 노력한다.

세 번의 '환국'으로 신하들이 대거 교체된다. 이 사건은 당에서 지지하는 왕비들에게도 영향이 미치면서 왕비 교체가 일어난다. 신하들도 유배와 복귀를 번갈아 한다. 현종 때의 정치적 대립에서 시작된 환국 정치는 이후 갈수록 심각한 당파싸움으로 변해갔다. 이런 문제를 해결하기 위해 영조, 정조 임금 때에 야당 인물과 여당 인물을 재능에 따라 골고루 인재 등용하는 탕평책이 나오게 된다.

〈조선 후기 환국 정리〉

갑인환국 1674(숙종 1년)	경신환국 1680	기사환국 1689	갑술환국 1694	신축환국 1721	정미환국 1727
현종 15년/ 서인 승리	숙종 6년/ 남인 승리	숙종 15년/ 남인 승리	숙종 20년/ 서인 승리	경종 1년/ 서인(소론) 승리	영조 3년/ 서인(노론) 승리

숙종의 왕비들과 정치당과의 관계

첫 번째 인경왕후는 서포의 조카이다. 숙종이 왕세자 시절부터 세자빈으로 같이한 인경왕후는 20대 초에 천연두로 사망한다. 공주 2명도 일찍 죽어 후손이 없다.

두 번째 인현왕후는 폐비가 되었다가 다시 왕비로 복귀한다. 동춘당 송준길의 외손녀다.

세 번째가 장희빈이다. 5년간 왕비였지만 희빈으로 강등된다.

네 번째 인원왕후는 숙종 후반기 18년이라는 가장 긴 시간 동안 왕비를 한다.

당파싸움과 정치싸움

지금의 정치당 이름은 '국민', '민주', '정의' 등이 들어간다. 조선에는 당 이름 동서남북 방향을 쓰거나 노론, 소론을 사용해서 구분했다. 인경왕후와 인현왕후는 '서인'이라는 당의 집안 출신이고, 장희빈은 '남인'이라는 당의 집안 출신이다. 서인과 남인의 치열한 경쟁 속에 남인의 몰락은 장희빈의 몰락으로 이어진다. 이후 '서인'은 강력한 경쟁자가 없어서인지 '노론'과 '소론'으로 쪼개진다. 숙종의 네 번째 왕비인 인원왕후는 소론 집안 출신이다. 하지만 노론에서 밀고 있는 연잉군(영조)을 도와 왕이 되도록 하는 역할을 하기도 했다. 한 시대를 치열하게 살았던 숙종과 3명의 왕비 그리고 장희빈은 현재 '서오릉'에 모두 잠들어 있다.

문학가로서의 서포

늘 좋을 수만은 없는 게 인생이다. 인생에서 어려움을 만났을 때 어떻게 살 것인가를 생각하게 한다. 유배문학이라는 말이 있듯이 서포도 유배 중에 많은 글을 남겼다.

유배 생활은 새로운 환경을 접할 수 있는 시간이기도 했다. 두 번째 유배지인 선천에서는 승려들과도 교류하면서 불교 경전을 빌려 읽기도 했다. 유교가 중심인 나라에서 최고의 학자였던 그가 《구운몽》이란 소설에서 불교 관련 내용이 포함될 수 있었던 이유이다.

《구운몽》은 한글본과 한문본, 인쇄한 책과 필사한 책 등 다양하게 전해진다. 현대 소설과는 차이가 있겠지만 17세기에 한글로 소설을 썼다는 건 파격적인 일이었다. 당시 지식인들은 소설을 이야기꺼리라고 폄하했기에 많은 작품(홍부전, 춘향전 작가미상)의 작가들은 스스로 이름을 밝히지 않기도 했던 시대였다. 그러나 당시 대중들은 책을 읽어주는 '책비'나 '전기수'라는 직업이 생길만큼 소설을 즐겨 읽었다. 《구운몽》과 《사씨남정기》는 이런 문화를 가능하게 해준 역할을 했다고도 할 수 있다.

유성문화원에서 주관한 제8회 서포문화제

2008년, 서포문화제에서 필자

유배지에서 사망

서포 사망 후, 유배자의 신분이어서인지 장례를 치를 장소조차 쉽게 얻지 못하고 결국 형의 산소 아래쪽에 임시로 매장된다. 사후 2

년 만에 관직이 복구되고, 19년 뒤(1711년)에는 경기도 파주시 장단면의 대덕산으로 이장된다. 장단면(장단콩, 도라산역)은 개성과 가까운 지역이다.

서포가 유배 갔던 남해군은 '노도'라는 작은 섬에서 유배 생활을 했다고 보고 그곳에 기념물을 많이 조성해 놓았다. 그가 살던 집과 사망 후 임시로 묻힌 허묘 자리를 비롯해 '서포 문학관', '구운몽원'과 '사씨남정기원'이라는 공원도 만들어 문학의 섬으로 꾸몄다.

정치가이자 소설가였는데, 왜 '효'에 대한 표창을 받았을까?

서포는 문묘에 배향된 증조부 사계 김장생, 큰할아버지 신독재 김집 등 학문으로 뛰어난 조상을 두었고, 자신도 최고의 학자가 된다. 어머니 윤씨부인은 옹주 할머니에게 왕실 교육을 받은 분이었기에 두 아들을 위대한 학자로 키울 수 있었다. 당쟁이 치열했던 시대에 살았지만 어머니에 대한 그의 '효'는 아주 특별했기에 당시 집권당과 야당 모두 그의 효심을 인정했다고 한다.

특별하고 애틋한 어머니(윤씨부인)에 대한 이야기를 해보자.

윤씨부인은 학식이 높았다고 한다. 결혼 후 둘째 만중을 임신하고 있을 때 병자호란이 일어났고, 남편 김익겸은 20대 초반의 나이로 순절했다. 시아버지가 당시 고위직에 있었지만, 3년 후 사망한다. 시어머니도 만중의 아버지인 김익겸을 따라 강화도에서 자결한 상태다. 전쟁이 끝나고 강화도를 벗어나 친정인 서울로 가서 살게 된다. 윤씨부인은 어린 두 아들을 잘 키우기 위해 최선을 다한다. 어머니 윤씨부인의 삶은 서포가 쓴 <정경부인 윤씨행장>(행장 : 죽은 사람의 일생을 적은 글)에 잘 기록되어 있다.

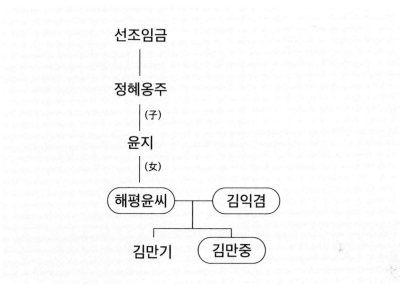

서포의 어머니 해평윤씨 가계도

문학비

이곳에 오게 되면 어머니를 그리워하는 '사친'(어머니를 그리워하며) 이라는 시를 볼 수 있다. 이 시는 유배지에서 어머니 생일날 지은 시로 정려각 앞에 문학비로 세워져 있다. 그의 입장이 되어 시를 낭독해보는 것도 좋겠다.

문학비

이상으로 전민동과 관련있는 17세의 인물 '서포 김만중'에 대해
알아보았다.

서포 충효소설비는 3코스에 소개되어 있다.

> ### 조선의 인기소설 《구운몽》, 작가와의 만남
>
> 작가: 서포 김만중 (정려각 안에 '석상'의 모습으로 앉아 계십니다.)
> 장소: 전민동 김만중 정려각
> 주소: 대전 유성구 전민동 250-2
> 시간: 독자들의 시간에 맞추어 주십니다.
> 준비: 《구운몽》,《사씨남정기》,《서포만필》 읽기
> 독자: 350여 년 전, 조선시대 백성으로 변신하기

이름	

　다음은 본문과 관련된 사건이나 당시 시대적 상황에 대한 것이다. 난이도가 있으니 본인에게 맞는 주제들을 골라 생각을 확장해보자.

1. 17세기에 관한 퀴즈
   - 17세기는 언제부터 언제까지 인가? (　　　년 ~ 　　　년)
   - 17세기에는 어떤 임금님들이 나라를 다스렸는지 알아보자.
   - 17세기에는 어떤 국가명을 사용했나?

2. 서포 김만중은 출생년도와 사망년도를 알아보고, 그가 살았던 시대의 큰 사건들을 찾아보자.

3. 김만중의 자는 중숙, 호는 서포, 시호는 문효이다. 이름 외에 사용되는 <자, 호, 시호>는 누가 지어주는 것이고, 어떻게 사용되는지 알아보자.

4. 김만중의 가족에 대해 알아보자.

5. 조선시대 소설은 패관소설이라 불리면서 일반 백성들에게 인기가 있었다.
   - 한글로 쓰여진 최초의 소설로 알려진 책의 제목과 작가를 적어보자.

(제목:), (작가:)

 - 현재 두 번째 한글 소설로 알려진 책과 작가를 알아보자.

(제목:), (작가:)

6. 숙종 임금의 재위 기간을 알아보자.

7. 정려(旌閭)는 일종의 상장이나 표창장 같은 것으로 많은 사람들이 본받게 하기 위해 세웠다. 전민동에는 충, 효, 열의 정려가 모두 소개되어 있다. 답사해보고 그 의미를 알아보자.

8. 《구운몽》을 읽고 토론하자.

9. 《사씨남정기》를 읽고 토론하자.

10. 학업이나 직장 때문에 혼자 살게 된다면, 가족을 위해 무엇을 할 수 있을지 각자의 상황에 맞게 생각해보자.

11. 조선 과거시험 사마시, 생원시에 대해 알아보자.

12. 왕권과 신권이 균형을 잃어버리면 어떤 현상이 일어나는지 토론해 보자.

메 　 모

이 름	

메 모

이 름	

전민동에서
고려와 조선을 만나다

전민동 답사
2

김반·김익겸의 묘

조선 시대, 학문의 최고봉에 오른 어느 집안 이야기

※ 지번 : 대전광역시 유성구 전민동 산18-17
※ 김반·김익겸의 묘 : 대전광역시 문화유산자료

전민동에는 '문화유산자료'로 지정된 묘가 있다.

바로 '김반·김익겸의 묘'이다. 두 분은 아버지와 아들 관계이고, 답사 1에서 소개한 서포 김만중의 할아버지와 아버지이기도 하다.

김만준 묘에서 찍은 김반·김익겸의 묘

마을과 어우러진 묘역

서포문화제에 참가한 학생들

　두 분을 먼저 간단히 소개해본다. 김반은 조선 인조 임금 때 검찰총장에 해당하는 대사헌과 차관직인 이조참판, 병조참판 등의 중요 관직을 두루 역임하였고, 아들 김익겸은 병자호란 때 22세의 나이로 병자호란 때 피난지인 강화도에서 순국하였다. 두 분 모두 돌아가신 후 신하로서

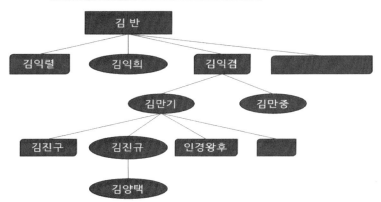

대제학(17세기~18세기 기준)

```
                    김반
        ┌───────────┼───────────┬───────────┐
      김익렬       김익희       김익겸
                              ┌────┴────┐
                            김만기      김만중
                  ┌──────┬──────┼──────┐
                김진구   김진규  인경왕후
                        │
                      김양택
```

형제 대제학은 김만기, 김만중이고, 3대 대제학은 김만기, 김진규, 김양택이다

재실 술선재에서 바라본 '김반·김익겸의 묘'

가장 높은 자리인 '영의정'으로 추증(죽은 뒤에 품계를 높여줌)되었고, 1640년 전민동에 묘가 조성된다. 김반의 호는 '허주', 자는 '사일'이고, 김익겸의 자는 '여남'이다.

허주 김반의 직계후손 중에는 둘째 아들 창주 김익희(묘는 유성도서관 정문을 지나 대전교육과학연구원과 접한 산에 있다. 창주사적공원)를 포함해서 <대제학>이 5명(17~18세기 기준) 나온다. <형제 대제학>과 <3대 대제학>이 배출되었다. 학문의 권위가 높은 대제학은 영의정(정1품, 대제학은 정2품)보다 직급은 조금 낮으나 더 존경을 받았다고도 한다. 또한 김반의 부친은 사계 김장생이고, 형이 신독재 김집이다. 조선 시대 중·후반기에 학문에 있어서 최고봉을 이룬 집안이라고 할 수 있다.

동네에서 찾아가는 길

전민동 행정복지센터를 기준으로 알아보자. 엑스포아파트와 반대 방향인 화암사거리 방향의 유성대로변을 따라서 쭉 걷다 보면 표지판이 보인다. 건너편에 한국한의학연구원과 한남대학교 대덕밸리캠퍼스 중간쯤이다. 이곳에서 <답사 1 ~ 3코스>까지 모두 연결해서 볼 수 있다. 골목으로 쭉 들어가면 '김반·김익겸의 묘'가 있는 산 입구에 도착한다. 묘역으로 올라가는 입구 왼쪽 기와 건물이 재실이다. 재실은 제사를 모시기 위한 곳이므로 산소 부근에 위치한다. 산으로 조금 오르면 두 분에 관한 소개 글이 적힌 안내판이 있고, 바로 위쪽에 묘가 있다. 앞쪽이 아버지 김반의 묘이고, 뒤쪽이 아들 김익겸의 묘이다.

유성대로변에 위치한 '김반·김익겸의 묘' 표지판

산으로 가는 입구. 왼쪽이 재실이다.

허주 김반 (1580~1640)

김반과 김익겸의 이름만으로는 어떤 분이셨을지 잘 모를 수 있어 먼저 익숙한 이름부터 알아보자. 조선시대 예학으로 유명한 사계 김장생이 그의 아버지이다. 바로 위의 형인 신독재 김집도 아버지의 학문을 이어받아

예학을 더욱 발전시킨다. 당시 임진왜란과 병자호란까지 50여 년 동안 여러 번의 전쟁으로 사회가 혼란해지자 엄격한 질서가 필요하게 된다. 그에 대한 기준을 제시하기 위한 학문으로 예학이 발전하게 되는데, 그 중심에 김장생과 김집이 있다. 현재 유네스코 세계문화유산으로 등재된 (2019년) 논산의 돈암서원은 바로 김장생을 추모하기 위해 건립된 곳이다. 또한 계룡시에는 사계고택(은농재)이 남아있다.

김반은 선조 임금 때 처음 관직에 나갔지만, 광해군 때 큰 화를 입을뻔한 사건으로 아버지, 형과 같이 논산(연산)에 내려가 10여 년 지낸다. 1623년, 인조 임금은 이괄, 김자점 등과 함께 광해군을 폐위하고 반정에 성공한다. 이때 공을 세운 '이괄'은 공신에 대한 예우에 불만을 품게 되고, 인조반정 다음 해에 <이괄의 난>을 일으킨다. 그 세력이 대단하여 인조는 공주 공산성으로 피난하게 된다. 이때부터 김반은 인조 임금을 따르고 다시 관직 생활을 하게 된다. 이후 여러 직책을 거쳐 대사간, 대사헌에 오르고, 이조참판, 예조참판 등을 역임한다. 1640년 61세로 사망하면서 그의 묘가 전민동에 조성된다. 김반의 생애는 3코스에 소개되는 신도비에 자세히 쓰여있다.

김익겸 (1615~1637)

김반의 셋째아들로 병자호란 때 22세의 나이로 순국했다. 병자호란은 인조 때 일어난 두 번째 전쟁으로 1636년 12월에 발생한다. 다음 해 1월 22일 중요한 피난지였던 강화도가 함락되면서 그곳에 있었던 김익겸도

순국하게 된다. 강화도가 청군에 함락되자 인조는 더 이상 버티지 못하고 남한산성을 나와 청나라에 항복한다.

당시 김익겸은 생원시 시험에 장원급제했고, 진사시 시험에 1등으로 합격했다. 그리고 4살 된 아들 만기와 둘째 아들 만중이 태어나기 직전이었다. 그의 죽음을 안타까워하는 우암 송시열은 그의 묘표를 지었고, 현재 강화도 충렬사와 논산 충곡사에 위패가 모셔져 있다.

피난지로서의 강화도

바다로 둘러싸인 강화도는 서울과 아주 가까운 섬으로 피난처로 활용하기 좋은 곳이다. 비교적 큰 섬이라 자급자족이 가능했기에 장시간

20대 초반에 죽은 아들을 아버지가 업고 있는 것처럼 느껴진다.

버틸 수가 있어 이미 고려시대 때 40여 년 몽고와 싸우기도 했던 곳이다.

10년 전, 정묘호란 때 인조는 강화도로 피난을 갔었다. 병자호란을 일으킨 청나라는 전쟁 시 왕이 강화도로 피난 간다는 걸 경험했기에 강화도로 가는 길목을 차단하는 전략을 쓴다. 청나라는 기마병은 강하지만 해군은 약했기 때문이다. 조선 정부는 청나라 군대가 국경을 넘으면 근처에 있는 성들을 하나씩 점령하면서 내려올 거라 판단했기에 한양(서울) 도착까지 어느 정도 시간이 걸릴거라 예측했다. 하지만 청나라 기마병들은 군인이 아닌 것처럼 위장해서 임금이 있는 한양으로 바로 내려왔다. 이에 왕실은 급박해졌고 먼저 떠난 일부는 강화도로 피난했지만, 인조는 이미 청군에 의해 길이 막혀 결국 남한산성으로 갈 수밖에 없었다. 이때 김익겸과 어머니(연산서씨)는 왕실 사람(세자빈, 원손, 대군 등)들과 강화도로 가게 되고, 김반은 임금을 모시고 남한산성으로 간다.

피난지 강화도를 책임 맡은 지휘부는 서울시장에 해당하는 한성판윤 김경징과 강화도 군수격인 강화유수 장신이었다. 이들은 강화도가 천혜의 요새라 믿고 방어를 게을리한다. 청나라는 대륙에서 말을 타는 사람들이었으니 수군도 없고, 바다를 잘 모를 거라 방심했던 것이다. 하지만 청나라 군대는 바다를 건널 준비까지 해서 침략했다. 지휘관들의 오판으로 방비가 소홀했던 강화도는 결국 청군에 함락된다. 이때 강화산성에서 77세의 '김상용'과 22세의 김익겸 외 여러 명은 청에 굴복할 수 없어 강화산성 '남문'에서 분신 자결한다. 다음날 그의 어머니 연산서씨도 자결한다.

당시 김익겸의 아내 해평 윤씨도 강화도에 있었지만 만삭중이라 친정어머니와 함께 강화성 밖의 마을에 따로 떨어져 있었다. 섬이 청군에 함락된 후 해안가에서 간신히 배를 얻어타고 섬을 벗어난다. 그리하여 서포는 배에서 태어난다.

김반·김익겸의 묘 조성

전쟁이 끝나고 김반은 강화도로 가서 부인과 아들의 시신을 수습하고 경기도 파주 지역인 교하의 강가에 임시 매장한다. 3년 후인 1640년, 김반이 사망하면서 셋째아들 익겸과 부인인 연산 서씨도 같은 운구로 모셔와 현재 이곳 전민동 묘역에 모셔진다.

역장 형태의 '김반·김익겸의 묘'이다. 앞이 아버지의 묘이고 뒤쪽이 아들의 묘로 일반적인 경우와 배치가 반대로 되어있다.

익겸의 묘는 부모 산소 바로 위에 있어 역장 형태로 되어있다. 역장은 후손의 묘가 조상의 무덤 위쪽에 있는 것을 말한다. 이곳이 왜 그렇게 했는지에 대한 기록은 남아있지 않지만 김반의 뜻이었을 것으로 추측된다. 사계 김장생의 묘도 역장 형태이다. 이 시기까지는 18세기나 19세기만큼 역장이 엄격하게 금기시되지는 않았을 것이다. 또한 조상이 먼저 좋은 위치를 사용하고 나중에 후손들이 사용하다 보면 역장의 형태가 나타날 수 있지만 흔하지는 않다.

익겸의 묘는 산의 줄기가 내려오는 첫 번째 장소에 위치한다. 비록 20대 초에 죽었지만 그의 후손들은 화려한 경력을 가진다. 그의 두 아들(형제 대제학)과 손자 김진규, 증손자 김양택(3대 대제학)이 모두 대제학에 오르고, 손녀는 왕비가 된다.

조선 정민리에서 있었던 김반의 장례식

무덤 앞에 마주 보고 서 있는 한 쌍의 문인석을 보면 1640년에 있었던 김반의 장례식은 어땠을까 궁금해진다. 서너살된 서포는 왔을까? 너무 어려서 못 왔을까? 김반의 형 신독재 김집은 더 오래 살았으니 왔을 거 같고, 이곳에 살았던 마을 사람들이 참석했을 것이다.

한 쌍의 문인석, 묘갈, 상석, 향로석

17세기에 조성된 묘이기 때문에 묘 앞에는 당시에 세워진 여러 석물들이 있다. 그 중 380여년 동안(1640년 묘가 조성된 해를 기준으로

김반의 묘 앞에는 한 쌍의 문인석, 묘갈, 상석 등이 있다.

했음) 그 자리에서 눈과 비를 맞고 서 있는 선비 모양의 '문인석'이 눈이 간다. 이끼로 덮혀 있는 모습이 긴 세월을 말해준다. 비석은 윗면이 둥근 묘갈 형태로 되어있다. 신도비는 묘 앞에 두지 않으므로 동남쪽 방향으로 조금 떨어진 곳에 세워져 있다.

김반 묘 앞에 서 있는 문인석

전민동 화봉산에서 볼 수 있는 노세신 장군묘 앞의 무인석.

문인석과 무인석 비교

지금은 크게 <문과, 이과>로 구분하는 방식이 있듯이 예전에는 <문인, 무인>으로 구분했다. 죽은 사람이 문인이면 묘 앞에 문인석을 세워 표시했고, 무인인 장군묘에 가면 큰 칼을 몸에 차고 서 있는 '무인석'을 볼 수 있다. 복장이 다르다는 걸 알 수 있다.

비석에서 이름 확인 팁

누구의 비석인지를 확인하려면 다음의 한자들을 알면 보면 쉽다. 남자의 성씨 뒤에 公(공)을 붙이고, 다음에 諱(휘, 죽은 사람의 이름)를 쓰고, 이름이 나온다. 부인이 같이 합장되어 있는 경우는 성씨 뒤에 祔(합사할 부)가 붙는다. 연산 시씨, 해평 윤씨처럼 조선 시대의 여자는 태어난 집안의 본관과 성씨만 쓰고 이름은 표시되지 않는다. 지금은 이해하기 어려울 수도 있지만, 역사의 발전 과정이라고 보면 될 것이다.

김익겸의 묘 앞에는 두 개의 비석이 있다. 당시에 세워진 첫 번째 비석에는 유명(有明)이 있어 먼저 세워진 비석으로 볼 수 있다. 여전히 명나라를 중시하고 있는 당시의 모습을 볼 수 있는 장면이다. 명나라가 망한 이후에 세워진 비석에도 한동안 유명(有明)이 있는 걸 볼 수 있다.

김익겸의 묘갈

무덤의 형태들

오랜 인류 역사를 보면 무덤의 형태도 많이 바뀐다. 지금은 묘 형태도 거의 사라지고 화장하는 방식이 일반화되고 있다. 아주 오래된 옛날에는 큰 돌을 고여서 만든 고인돌(지석묘)이나 작은 돌을 많이 사용해서 덮는 돌무지 형태도 있었다. 이 중 고인돌은 워낙 무거운 돌을 사용했기에 옮기기가 쉽지 않아서 긴 세월이 흘렀어도 아직 많이 발견되고 있다. 유성에도 진잠 지역(칠성당 지석묘군, 내동리 지석묘)에 10여 기 있으므로 답사해서 묘 형태의 무덤과 비교해 보는 시간을 가져도 좋겠다.

상여놀이와 장례식

내가 열 살이 되기 전, 고향 마을에 있었던 마지막 장례식이 뚜렷이 생각난다. 종이로 만든 꽃으로 치장한 상여와 울긋불긋한 큰 깃발들이 상여 주위를 따르고, 꽃상여를 멘 동네 상여꾼들은 일사불란한 구호를 외치며 마을 앞 큰길을 지나가는 장면이다. 마을 사람이 모두 나와 있었고, 큰 축제를 보는 문화행사 같이 느껴졌던 거 같다. 열 살 이전의 몇 안 되는 기억 중의 하나다. 마을에서 조금 떨어진 외진 산자락에 상여를 보관하는 창고 같은 집이 있었는데, 그 부근을 지나는 걸 대부분 꺼려했던 것으로 기억한다. 이후 꽃상여의 장례식은 사라졌다.

전민동 상여놀이

전민동에도 상여놀이가 민속놀이로 전해져오고 있다. 잊혀졌던

2023년 전민동 상여놀이 시연 (장소: 갑천, 사진: 유성문화원)

장례의식을 복원해서 매년 축제나 행사 때 시연을 한다. 2023년 가을에는 갑천에서 열렸다. 상여놀이 내용에 병마만호 선략장군 노세신 (1649~1720)의 이름이 나온다. 장군은 이 지역 출신으로 국경 지역인 이산진(당시 평안도, 현재 자강도에 속한다)에서 여진족을 여러 차례 물리친 공을 세웠으나 모친상으로 귀향한 후 더 이상 벼슬길에 나아가지 않았다. 이곳에 살면서 참깨를 천석이나 경작한 신화가 남아있고, 노년에 재산을 기부했다고 한다. 탑립동에 산소가 있었으나 현재는 전민동 앞산인 화봉산 등산로 인근에 모셔져 있다. 상여놀이는 현재 장례식과는 많이 다르다. 김반의 장례식도 이와 비슷하지 않았을까 추측해본다. 옛날에 돌아가신 분들을 어떻게 보내드렸는지 아이들과 함께 보면 좋겠다.

김만중의 마음의 고향 '전민동'

　1640년, '김반·김익겸의 묘'가 조성된 후, 서포는 기쁠 때나 슬플 때 늘 이곳을 생각했을 것이다. 그의 문학 속에도 전민동의 이미지가 포함되어 있을 것으로 본다. 이제 산소에 올라가서 '김반·김익겸의 묘'를 둘러보자.

이름	

　다음은 본문과 관련된 사건이나 당시 시대적 상황에 대한 것이다. 난이도가 있으니 본인에게 맞는 주제들을 골라 생각을 확장해 보자.

1. 사계 김장생(김반 부친)과 논산의 돈암서원에 방문해 보고 느낌을 적어보자.

2. 유네스코 세계문화유산으로 등재된 <한국의 서원> 9곳을 찾아보고, 지정 이유를 알아보자.

3. 과거 군사적 요충지로 사용된 강화도를 지도에서 찾아보고 육지와 가장 가까운 곳을 찾아보자.

4. 피난 갔을 때, 궁궐 역할을 한 장소가 현재 강화읍에 있었다. 영상으로 복원된 자료를 찾아보자.

5. 강화산성과 돈대 그리고 대전에 많이 분포되어 있는 산성에 대해 알아보자

6. 다음 무덤의 차이점를 알아보자.

　능(릉) :

　원 :

　묘 :

　총 :

　분 :

7. 유성지역에는 선사시대 무덤인 '지석묘(고인돌)'가 남아있다. 답사해 보고 제작 과정을 토론해 보자. (답사지 : '대전 내동리 지석묘'와 인근에 있는 '칠성당 지석묘군')

8. 묘 앞에 세우는 문인석과 무인석의 차이점을 구분해보자.

9. 정묘호란과 병자호란은 언제 일어났고, 어떻게 진행되었나?

10. 정묘호란과 병자호란에서 알 수 있는 역사적 가르침에 대해 토론해 보자?

11. 광해군과 소현세자에 대해 알아보자.

12. 병자호란 때 척화파와 주화파에 대해 알아보자.

13. 화해하자고 주장한 최명길과 끝까지 싸우자고 한 김상헌의 입장이 되어 자신의 견해를 주장해 보자.

메   모

이 름	

메   모

이 름	

전민동에서
고려와 조선을 만나다

전민동 답사

3

표창장 '정려'와
이력서 '신도비'

서포 김만중의 4대 가족이 모여있다

※ 지번 : 전민동 산18-54
※ 도로명 : 대전광역시 유성구 유성대로 1665번길 8-13
※ 연산서씨·김익겸 정려 : 대전광역시 문화유산자료

이번 장소는 4대 가족 이야기이다. 3명의 '정려'와 '신도비'가 있고,
현대에 와서 세워진 '충효소설비'가 있다.

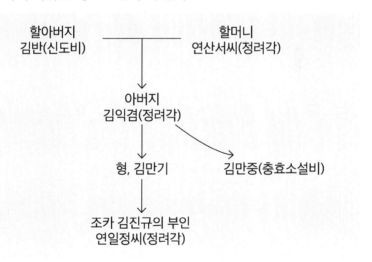

김만중을 기준으로 하는 4대 가계도이다.

신도비, 정려각, 충효소설비가 있는 위치이다.

서포의 4대 가족

4대 가족(서포 기준)		사망년도	내용	정려 받은 년도	건립년도
할아버지	김반	1640년	신도비	-	1661년
할머니	연산 서씨	1637년	정려	1639년 (인조 17년)	-
아버지	김익겸	1637년	정려	1816년 (순조 16년)	-
김만중	김만중	1692년	충효소설비	-	2007년
조카며느리	영일 정씨	1717년	정려	1752년 (영조 28년)	-

조선의 표창장 '정려'

이곳에는 정려 3기가 정려각 2동에 모셔져 있고, 열녀와 충신으로 구분된다. 정려는 한자로 <旌閭, 기 '정', 이문 '려'> 이다. 이문은 <마을 리, 문 문>이다. 한자가 만들어질 당시는 마을 앞에 깃발, 깃대 등으로 표시를 했을 것으로 보인다. 이런 것이 시대가 지나면서 문(정려문, 열녀문)이나 작은 건물형태(정려각)로 변화되었다.

'정려'는 모범이 되는 사람을 알리고 본받게 하려고 국가에서 세웠다. 지금처럼 뉴스로 보도되거나 SNS로 알릴 수 있는 시대가 아니었다. 그러므로 눈에 잘 띄는 마을 입구나 큰 길가에 붉은색을 칠한 정려문이나 정려각을 세웠다. 과거에는 높은 건물이 없었으니 잘 보였을 것이다. 정려각 내부에도 누구의 정려라고 적힌 지금의 표창장 같은 현판이 걸려 있다.

충신, 효자, 열녀

이곳 전민동 산소골에는 충, 효, 열의 정려가 모두 있다. 조선은 삼강을 중요한 가치로 여겼던 시대였다. 삼강은 "신하는 임금을 따르고, 자식은 부모를 따르며, 아내는 남편을 따른다"는 것이다. 대한민국은 민주주의 국가이지만, 조선은 유교의 나라여서 지금과는 가치나 이념이 달랐다는 걸 알 수 있다. 이제 정려각으로 가서 살펴보자.

열녀 정려각

왼쪽 건물이 열녀 정려각으로 이 곳에는 두 분이 모셔져 있다. 서포의 할머니 연산 서씨가 앞쪽에 있고, 질부의 정려가 뒤쪽에 걸려 있다. 질부 영일 정씨는 서포의 초상화를 그린 조카 김진규의 부인이자 대제학 김양택의 모친이다. 할머니 현판은 바탕색이 청색이라 눈에 더 잘

정려각이 나란히 있다.

띈다. 현판 왼쪽 끝부분을 보면 연산 서씨라고 한자로 적혀있다. 그녀는 병자호란 때 강화도가 청나라에 함락하게 되자 자결한다. 영일 정씨는 남편 김진규를 따라 자결하게 된다. 지금 생각으로는 이해가 안 되는 부분도 있겠지만 이런 과정을 거치면서 역사는 발전해 왔다.

　뒤쪽에 걸려 있는 검은색 바탕의 현판이 '영일 정씨' 정려이다. 영일 정씨와 연일 정씨는 같은 성씨다. 무덤 앞의 먼저 세워진 비석에는 영일 정씨로 쓰여있고, 안내판에는 '연'일 정씨로 적혀있다.

연산서씨 정려(앞쪽 청색 바탕)와 영일정씨 정려(뒤쪽 검은색 바탕)이다

김익겸 정려

충신 정려각

오른쪽이 충신 정려각이다. 서포의 아버지 김익겸의 정려가 모셔져 있다. 그는 1637년 병자호란 때, 강화도가 함락되자 성을 지키던 군인들과 같이 남문에서 순절한다. 당시 나이 22세로 4살 난 아들과 만삭인 아내가

있었다. 병자호란이 일어나기 전에 생원시라는 시험에 장원 급제 하였고, 진사시 시험에도 1등을 한 장래가 촉망되는 젊은이였다. 하지만 전쟁은 그의 목숨까지 버려야하는 참혹한 상황이 된다.

정려각의 구성

이곳 정려각은 기둥이 4개인 '1칸'짜리 최소단위 건물로 되어있다. 지붕 형태는 '팔작지붕'이고, '단청'이 칠해져 있으며, 붉은색 화살 모양의 '홍살'이 울타리처럼 둘러져 있다.

정려각의 한칸

현대의 건물은 ㎡, 평을 많이 쓰지만, 예전 건물에는 칸(間,간)이라는 용어를 사용했다. 한자로는 간이지만 단칸방처럼 일부에서 칸으로 사용된다. '칸'은 <기둥 2개의 길이>도 되지만 <기둥이 4개인 면적>을 뜻하기도 한다. 어느 지역을 가다 보면 99칸짜리 옛날 양반집이 남아있다는 말을 들을 때가 있다. 99칸이라 하면 방이 99개인가 생각할 수 있겠지만 방의 숫자가 아니다. 1칸이 99개 되는 규모의 집이다.

재미있는 건 모든 단위는 정해져 있는데, 1칸의 길이는 정해져 있는 게 아니다. 2개의 기둥 위에 걸치는 나무를 얼마나 굵고 긴 걸 쓰느냐에 따라 달라진다. 대들보로 쓰인 나무가 굵고 길면 2개의 기둥 거리도 넓어진다.

지금은 철근과 시멘트로 집을 짓지만, 옛날 집 짓기 재료는 나무나 흙이 많았다. 철근이 나무 기둥 역할을 하고, 시멘트가 흙이 하던 역할을

정려각은 한 칸짜리 건물

'홍살'은 화살 모양으로 붉은색이 칠해져 있다.

한다. 우리 조상들은 특별한 경우가 아닌 이상 대부분 자신의 집은 자기가 지었다. 그런 DNA가 있어서인지 귀농귀촌 교육생 중에 자기 집을 직접 짓는 게 로망이라는 분들이 계셨다. 앞으로 나무를 보게 되면 나무 굵기와 길이를 보고 기둥으로 쓰면 적합할지 아닐지를 살펴보는 것도 재미있을 것 같다.

기둥과 기둥 사이가 1칸이다.

단청과 정려각

동네에서 단청을 볼 수 있다. 정려각에 가면 사진이 아니라 실물을 볼 수 있다. 99칸이나 되는 큰 부잣집에도 할 수 없었던 단청이 1칸짜리 정려각에 있다. 단청은 칠하고 싶다고 아무나 칠할 수 있는 게 아니었다. 색을 칠하면 화려해지므로 사용할 수 있는 곳을 제한하여 사치를 하지 못하게 했다. 궁궐이나 절, 서원 등의 건물에만 가능했다. 정려각은 삼강오륜의 삼강(충,효,열)에 해당되므로 가장 작은 건물이어도 칠 할 수 있다. 단청에 사용되는 다섯가지 색은 '오방색'이라고 한다. 궁궐이나 절에는 건물마다 각기 다른 다양한 무늬와 화려한 색채를 볼 수 있다.

단청이 가지는 기본 기능은 건물을 보호하는 것이다. 예전 가구에 옻칠을 해서 코팅해주면 더 오래 쓸 수 있었다. 집도 외부는 비나 바람 등으로부터 보호해주기 위해 코팅을 해 줄 필요가 있다. 건축자재가 나무나 흙이다 보니 빗물이나 벌레들에 피해를 볼 수 있다. 칠에는 다양한 의미들을 담아 여러 가지 무늬들이 만들어진다. 단청은 중국이나 일본에서도 볼 수 있다.

단청이 칠해져 있는 건물

팔작지붕과 정려각

전통 지붕 형태는 크게 맞배지붕, 팔작지붕, 우진각지붕이 있다. 이곳 정려각의 지붕은 팔작지붕으로 되어있다. 팔작지붕은 맞배지붕과 우진각지붕의 형태를 포함하고 있다. 앞으로 기와 건물을 보게 되면 어느 지붕에 속하는지 구분해 보자.

신도비

이제 신도비를 알아보자. 정려각 옆에 있는 큰 비석이 김반의 신도비이다. 묘비, 신도비, 묘갈은 모두 죽은 사람에 대해 기록을 남긴 비석이다. '묘비'는 무덤 앞에 세우는 비석으로 이름과 출생일, 사망일

팔작지붕, 정려각 옆면이다.

팔작지붕, 정려각 뒷면이다

등을 간단히 적어 놓은 것이다. 다른 나라에서도 찾아볼 수 있고, 현재도 사용한다. '신도비'는 규모가 큰 묘비라고 이해하면 될 거 같다. 받침돌 위에 비를 세우고 그 위에 지붕돌을 올렸다. 신도비는 누구나 세울 수 없고 왕이나 2품 이상의 높은 관직을 해야만 세울 수 있다.

묘 바로 앞에는 묘비나 묘갈을 세우고, 신도비는 묘에서 조금 떨어진 동남쪽에 세운다. 김반의 신도비도 묘의 동남쪽에 위치하고 전체높이가 3m가 넘기에 옆에 서보면 꽤 높다. 큰 돌(대리석)에 작은 글씨들이 아주 많이 있는데, 한문으로 쓰여 있어 내용을 읽기가 쉽지 않지만, 그의 생애가 적혀있다고 보면 된다. 이런 기록들이 있어 사후 몇백 년이 지난 지금도 그가 어떤 사람이었는지 알 수 있다.

김반 신도비이다. 받침돌에 비를 세우고 지붕돌을 올렸다. 부인과 아들의 정려각 옆에 있다.

내용은 김상헌이 쓰고, 글씨는 동춘당 송준길이 썼다. 동춘당의 글씨체를 감상할 수 있다.

신도비 구성

신 도 비
비액 碑額 -- 돌아가신 분의 이름, 직함 등을 적음 비제 碑題 -- 인물의 전체 직함을 적는다. 찬자 撰者 -- 내용을 지은 사람 (청음 김상헌) 서자 書者 -- 내용을 글씨로 쓴 사람 (동춘당 송준길) 전자 篆者 -- 비액 부분을 전서체로 쓴 사람 (서석 김만기) 서문 序文 -- 신도비 주인공에 대한 내용을 적음 명문 銘文 -- 죽은 분의 일생을 시로 씀.

조선시대의 이력서

　신도비에 적힌 내용 구성은 다음과 같다. 먼저 김반의 둘째 아들 익희의 부탁을 받고 당시 80대의 김상헌이 수락하게 되는 내용이 적혀있다. 이어서 김반의 조상인 광산 김씨의 유래와 가까운 직계조상이 소개된다. 이후 그의 생애와 업적, 결혼, 아들과 딸, 사위, 손자들에 관한 부분이 나오는데 가장 많은 내용을 차지한다. 마지막으로 그의 업적을 시로 표현한 명문이 나온다.

　김상헌이 신도비에 새겨진 내용을 썼고, 글씨는 송준길이다. 대전사람이면 많이 들어봤을 대덕구 송촌에 있는 '동춘당'은 송준길의 '호'이다. 대전시립박물관에 가면 그의 필체가 잘 보이도록 전시되어 있는데, 글씨가 재미있으니 방문해도 좋겠다. 김상헌을 소개하면, 병자호란 때 예조판서로 남한산성에서 김반과 같이 인조임금을 모셨다. 당시 청나라와 끝까지 싸우자고 주장한 '척화파'와 청과 화해하자고 한 '주화파'가 팽팽히 맞서는데, 김상헌은 주화파인 최명길의 의견에 반대했던 척화파의 대표 인물이다.

　참고로 김상용과 김상헌은 형제다. 병자호란 때, 김상용은 김익겸과 같이 순절했고(2코스 참고), 김상헌은 김반과 같이 남한산성에서 인조임금을 모셨다. 김상헌은 전쟁이 끝나고 몇 년 후 청으로 압송되고 감옥에 갇히는 등 6년 동안 수난을 겪고 돌아온다.

서포 김만중 선생 '충효소설비'

　정려각과 신도비 앞쪽에는 현대에 와서 세운 서포 김만중선생 충효소설비가 있다. 2007년 5월 2일, 후손들과 학자들이 모여 충효소설비 제막식을 했다. 이로써 서포의 4대 가족이 한자리에 같이 있게 되었다.

2007년 충효소설비 제막식이 있었다.

충효소설비 앞모습

옛날 비석은 한자로 적혀있어 읽기가 어렵다는 걸 감안해서 한글로 새겨져 있다. 비석 옆면과 뒷면을 사진으로 찍어 읽어보길 바란다.

《구운몽》은 어머니를 위해 지었다고 해서 효와 관련된 소설이고, 《사씨남정기》는 숙종 임금을 깨닫게 하기 위한 충심으로 지은 소설이므로 '충효소설비'란 이름을 붙인 것으로 보인다.

답사를 마치면 바로 옆 '산수어린이공원'에서 잠시 쉬어도 좋겠다. 벤치와 화장실이 있다.

바로 옆에 위치한 산수어린이공원

이름	

    다음은 본문과 관련된 사건이나 당시 시대적 상황에 대한 것이다. 난이도가 있으니 본인에게 맞는 주제들을 골라 생각을 확장해 보자.

1. 답사 후기를 적어보자.

2. 정려각에 칠해진 '단청'을 감상해보자. 단청에 사용되는 다섯가지 색(오방색)에 대해서도 알아보자.

3. 전통 지붕의 형태 중에는 <맞배지붕, 팔작지붕, 우진각지붕>이 있다. 차이점이 무엇인지 알아보고 설명해 보자.

4. 정려각은 앞면 1칸, 옆면 1칸으로 건물의 최소단위(기둥 4개)로 되어 있다. 건물의 최소단위가 기둥이 4개이지만, 우리나라에는 기둥이 두 개만 사용되는 곳이 있다. 무엇인지 알아보자.

5. 1640년(인조임금 18년), 고위관직을 두루 지내고 사후 영의정에 추증되는 61세 김반의 장례식이 있었던 그 날, 전민동의 모습을 상상해보자. (참고: 전민동 상여놀이 시연 행사)

6. 건물의 종류 <전, 당, 각, 합, 재, 헌, 루, 정>에 대한 자료를 찾아보자.
   궁궐이나 절에 사용한 이름들을 보고 위치를 확인해 보자.

건물의 종류	관련 장소 더 찾고 기록하기
전 殿큰집 (전) : 인정전, 대웅전	
당 堂집 (당) : 희정당, 영화당	
각 閣문설주 (각) : 규장각	
합 閤쪽문 (합) : 곤녕합, 재수합	
재 齋재계할 (재) : 낙선재, 선향재	
헌 軒추녀 (헌) : 홍복헌, 석복헌	
루 樓다락 (루) : 주합루	
정 亭정자 (정) : 부용정	

7. 묘비와 묘갈, 신도비의 차이점을 구분하고 설명해 보자.

8. 명,청 교체기간인 1600년~1650년, 조선과 명나라, 청나라의 역사를
   알아보자.

9. 병자호란 때 조선을 침략한 '홍타이지'에 대해 알아보자.

10. 서포의 어머니를 해평윤씨(=윤씨부인), 서포의 할머니는 연산서씨라
    고 기록된다는 걸 보았다. 조선시대 여자는 이름 대신 본인이 태어난
    집안의 본관을 사용한다는 것을 알았을 것이다. 역사의 변화과정에
    서 일어난 이런 현상들에 대해 토론해 보자.

11. 17세기 조선의 왕은 광해군(1608~) 인조(1623~)-효종(1649~)-현종
(1659~) 숙종(1674~)이다. 이 중 현종 임금님 시기에 상복을 몇 년 입
을 것인지를 놓고 '예송논쟁'이 두 차례 있었다. 이런 논쟁들이 정치
의 중심 화두라면 여러분은 어떤 입장이겠는가?

12. '서인'은 노론과 소론으로 나눠졌다. 이 과정을 설명해 보자.

13.
현종(조선 제18대 왕)과 숙종(조선 제19대 왕) 시대 기준으로 정치 당파
인 남인과 서인에 대해 알아보자. 2000년부터 2020년까지 대한민국의
정치당인 여당과 야당에 대해서 조사해 보고 토론해 보자.

메   모

이 름	

메   모

이 름	

전민동에서
고려와 조선을 만나다

전민동 답사

4

'정민역(전민역)' 유허비

천년의 역사를 안고 사라진 '말(馬)'역

※ 지번 : 대전광역시 유성구 전민동 464-2

역원제도의 '역' - 정민역

 1905년, 대전역은 서울과 부산 사이의 중요한 역으로 개통되었다. 이로써 천년의 역사 '정민역'의 역할은 사라지게 된다.

정민역 유허비

 국가가 운영되기 위해서는 업무 지시 등의 많은 문서들이 만들어진다. 지금은 메일로 보내면 실시간으로 전달되는 시대이다. 전화로 업무 보고를 할 수 있고, 빠른 현장 확인이 필요하면 승용차나 고속열차를 타고 갈 수 있다. 그러나 우리나라에서 전화나 기차의 등장 시점은 100년이 조금 넘을 뿐이다. 고속열차나 휴대폰 시대는 훨씬 짧다.

이제 옛날로 돌아가 보자. 기차가 있기 전, 중앙과 지방이 소통하려면 사람이 직접 갈 수밖에 없다. 이때 말을 타고 간다면 걸어서 가는 것보다 훨씬 빠르다. 그래서 전국 방방곡곡 중요한 도로에 말을 빌릴 수 있는 지금의 기차역 같은 '역'이 필요했고, 먹고 자야 하는 숙박 장소 '원'이 있어야 했다. 이렇게 '역원제도'가 만들어진다. 왕의 명령과 같은 공문서를 전달하는 관리(공무원)들을 위해 교통편과 숙박을 제공해 주는 공공기관이다. 개경(고려의 수도)이나 한양(조선의 수도)에 있는 임금이 멀리 떨어진 지방까지 통치하기 위해 꼭 필요한 제도였다.

국가를 다스리기 위해 필요했던 '역원제도'

'역'은 말을 빌려주고, '원'은 숙박시설이다. 고려 시대 초기에 이미 525개의 역이 만들어졌고, 고려 후기 몽고의 영향으로 전국에 설치된다. 정민역은 525개 역에 포함되었으니 역사가 아주 길다. 말역은 '참' 또는 '역참'이라고 했다. 현재 기차역을 우리나라는 역(예, 대전역:大田驛)이라고 쓰고, 중국은 참(예, 북경참:北京站)으로 쓴다. 말역은 보통 30리(약 12km)에 1개소 설치되었다. 그 정도의 길을 가면 말이든 사람이든 한번 휴식이 필요하다고 본 것 같다.

역원제도는 오랫동안 중요한 역할을 해 왔지만 빠르고 안전한 이동수단인 기차와 이동이 필요하지 않은 전화의 등장으로 굳이 말을 타고 힘들고 느리게 갈 필요가 없게 된다. 전화와 기차는 1900년 전후 비슷한 시기에 설치가 시작되었고, 이로써 말역의 기능은 사라지게 된다. 정민역은 고려 시대 (기록_고려사)부터 조선 시대 말기(기록_대동여지도 등)까지 천여 년 존재했다는 기록이 남아있다.

정민역에 있었던 8마리 말

천년동안이나 존재했던 역이었지만 100여 년 만에 흔적도 없이 사라졌다. 다행히 2003년 학술조사를 거친 후 '정민역 유허비'가 세워졌다. 이후 지속적인 관심으로 정민역에 있었던 8마리 말을 조형물로 만들어 역이 있었다는 걸 알려주고 있다. 전국 각지로 뛰어갈 것 같은 늠름한 8마리의 석상(돌로 만든 말)을 전민동에서 찾아보자.

역의 규모에 따라 말의 숫자가 달랐는데, 정민역은 8마리 말을 준비해 두는 역이었다.

정민역

현대를 살아가는 우리는 정민역을 들으면 무엇이 떠오를까? 먼저 지하철역이나 기차역인가 하는 생각이 들 수 있을 거 같다. 말을 갈아타는 '말'역이라고 생각하는 사람은 드물다고 본다. 동네 주민이라면 전민동에 역이 있던가 하고 의문이 들기도 하겠다. 개발로 인해 대부분 아파트촌으로 변한 전민동에 천년의 역사가 있다는 건 흥미롭다. 고려와 조선 시대를 통틀어 현재의 대전지역에 '말'역은 정민역이 유일했다. 이곳이 교통의 중심지였음을 알 수 있다.

전민동의 역사

전민의 옛 이름은 '정민'이다. 선사시대의 원시인들도 이 지역은 살기 좋은 곳이었던 것 같다. 낮은 산과 하천이 있는 곳은 원시인들이 좋아했던 장소였기에 갑천변을 따라 형성된 인근 동네에서는 용산동 유적, 관평동 유적, 구즉동 유적들이 발견되었다. 삼한 시대에는 마한 땅이었고, 삼국 시대에는 백제 땅으로 우술군이었다. 통일신라 때는 비풍군이라는 이름을 사용했다. 삼국 시대를 거치면서 산성이 많이 만들어진다. 계족산성, 구성동산성, 적오산성 등은 전민동에서 멀지 않은 곳에 있다. 산성은 산의 높은 곳에 위치했기에 사람이 살고 있는 마을에 비해 긴 세월이 지났음에도 그 흔적을 찾을 수 있다.

고려 태조 왕건(재위 918~943) 때인 940년에 회덕이란 지명이 생긴다. 고려 현종 때에 공주의 속현이 된다. 1174년, 공주 명학소에서 일어난 '

청류동 노인정

망이 망소이의 난' 기념탑이 현재 서구 탄방동 남선공원에 있다. 당시는 명학소가 공주 땅이었다는 것을 말한다. 정민리는 회덕에 속한 마을로 '회덕'에 관해서는 역사, 지리, 행정 등을 기록한 『회덕읍지』가 남아있다.

1914년 행정구역 개편 때, 탑립리 일부, 청류리등이 병합하여 대전군 구즉면 전민리가 되었다. 이후 한동안 대덕군으로 사용되다가 대덕군이 대전에 흡수되면서 유성구가 된다. 청류리는 정민역 유허비 인근에 '청류동 노인정'이라는 이름으로 현재도 남아있다.

현대의 전민동

　1980년대 후반까지 전형적인 농촌 마을의 모습이었다. 전민1구는 문지교회 부근 산자락에 위치했고, 전민2구는 세종아파트와 청구아파트 지역 산밑에 있어서 1구와 약간 떨어져 있었다. 대전엑스포 93은 대전뿐 아니라 전민동까지 큰 발전을 가져오게 된다. 삼성연구소 자리였던 현 카이스트 문지캠퍼스의 정문 방향에 문지1구가 있었고, 화봉산 방향으로 문지2구가 붙어있었다. 개발로 인해 전민리와 문지리의 두 자연부락은 완전히 없어지고, 원주민들은 현재의 전민동 주택지역으로 옮겨 합쳐지게 된다. 엑스포 박람회장이 전민동과 가까운 도룡동에 세워지고, 전민들

전민동 유래비-1990년 전민, 문지, 원촌 주민들이 개발로 인해 옛 마을이 사라지게 되었다는 내용이 포함되어 있다. 전민동 행정복지센터 앞에 있다가 현재는 마을 중심에 있는 엑스포공원에서 볼 수 있다.

(판)에는 엑스포 아파트가 대규모로 지어진다. 전통마을은 사라지고 첨단도시로 변한 것이다. 주거지역을 벗어나면 공기업과 대기업들의 연구단지, 벤처기업들로 둘러싸여 있다.

2024년 3월 기준, 전민동 인구는 26,258명이다. 지금의 명칭인 <대전광역시 유성구 전민동>은 1995년 1월 1일 확정됐다. 법정동으로 전민동이고, 행정동으로는 문지동과 원촌동이 포함된다.

전민동 변화에 큰 영향을 준 것은 대덕연구단지 건설과 대전엑스포 93이다. 2023년은 대전엑스포가 치러진 지 30년이 된 해여서 대전시립박물관에서 기념 전시가 있었다.

현재의 전민동 행정복지센터

93 대전 엑스포 포스터. 대전엑스포 30주년 기념 전시회장에서 다시 볼 수 있었다. (대전시립박물관 전시사진)

'정민역 유허비' 건립

학술조사에 따라 현재의 정민역 유허비가 세워졌고, 실제 역터는 유허비에서 호남고속도로 사이로 조사되었다. 옛 지명으로 역 인근에 <역벌>, 활을 쏠 수 있는 장소인 <사장터>, 청류동 노인정이 있는 <청버들> 등이 있고, 10여 년 전까지만 해도 동네 어른들한테 쉽게 들을 수 있는 지명이었지만 지금은 사용하는 사람이 거의 없다.

정민역 유허비 (2004년 건립)

옛 지도에 전민동에는 방죽(저수지)이 2개 있다고 표시되어 있다. 이 중 1개는 '전민들'의 농업용수로 사용된 저수지로 전민동이 개발되기 직전까지 있었다. 현재 전민고등학교와 푸른아파트 사이쯤 산 아래쪽에 있었고, 동네 원주민들은 이 '방죽'을 잘 기억하고 있다. 방죽 뚝방에 소나무가 보기 좋게 있었지만 모두 팔려나갔다고 전한다.

유허비 내용

정민역 유허비에는 정민역과 연결되는 역이 설명되어 있다.

정민역 인근 역		
동	옥천 증약역 - 경상도 방향	충북 옥천군 군북면 증약리
서	공주 경천역 - 충청도 방향	충남 공주시 계룡면 경천리
남	논산 연산 평천역 - 전라도 방향	충남 논산시 연산면
북	청주 문의 덕유역 - 서울 방향	충청북도 청주시 상당구 문의면

정민역에 대한 기록

《회덕현 지도》(1872)에 다음과 같이 지도상에 쓰여 있다. 여기에는 전민역으로 되어있다.

田民驛 自官西 距十里 屬栗峯道, 大馬一匹 騎馬四匹 卜馬三匹, 驛吏三十一名 奴婢無
<지리·지도를 통해서 본 정민역의 위치, p32, 이문종 공주대 지리학과교수, 2003>
<참고. 한자는 읽기 쉽게 띄어쓰기를 했다>

전민역은 관아로부터 십리 거리에 있고, 율봉노선에 속하며, 큰말 1필, 승용말 4필, 짐 싣는 말 3필, 역에서 일하는 직원인 역리가 31명, 노비는 없다.

《회덕읍지》(1758)에는 정민역으로 쓰여있다.

貞民驛在西面官門十里, 屬栗(峯)道大馬一匹驛馬4匹卜馬三匹, 驛史三十一名奴婢無

<금석문과 전설·설화를 통해서 본 정민역, p56, 권영원, 대전역사편찬위원, 2003>

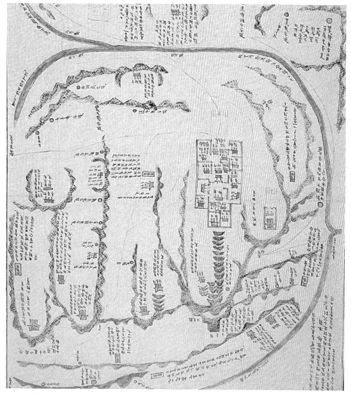

1872년 제작된 충청도지도_회덕현 지도

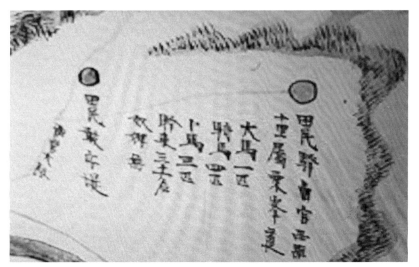

왼쪽 지도 우상단 부분에 역에 대해 쓰여있다. 전민역으로 표기되어 있다.

정민역이 속했던 역로

정민역 유허비에 쓰여진 역로에 관한 내용은 다음과 같다. "고려시대에는 '전공주도'에 속하였고 조선시대에는 옥천의 증약도와 청주의 율봉도에 차례로 속하였는데..."

당시 회덕현의 행정구역은 충청우도에 속했지만, '역로'(역의 노선)는 충청좌도 청주에 속했다.<지리·지도를 통해서 본 정민역의 위치, p32, 이문종 공주대 지리학과교수, 2003> 현재에도 이런 경우가 있다. 전민동은 호남이 아니지만 호남고속도로 일부 구간이 지나가는 것을 참고할 수 있겠다. 1896년 충청좌도는 충청북도, 충청우도는 충청남도가 된다. 또한 회덕현 지도를 보면 원촌동에서 전민동으로 오는 큰 길이

정민역에 대한 기록이 잘 쓰여있다.

옛날부터 사용되던 길이었음을 알 수 있다.

정민역의 이전 가능성

원래 정민역은 '김반·김익겸의 묘'가 조성된 지역에 있었는데, 1640년 김반 사망 후 이곳에 묘를 쓰면서 현재 유허비가 세워진 부근으로 이전했다고 추측하기도 한다.

첫번째 추측 근거로는 1665년에는 김반의 장남 김익렬의 묘가 만들어지고, 그의 행장(죽은사람의 일생을 적은 글)에 "……정민역 선의공 옆……" 이란 글이다.<정민역의 역사와 위상, p20, 한기범, 한남대 사학과

교수, 2003>

두번째는 김반의 둘째 사위 이후원이 충청도 관찰사(임기 1639 .7~1641. 6)를 하면서 정민역을 인근 아리고개 쪽으로 옮기고 묘역을 조성했다는 설이 있다.

숙박장소 '미륵원'

역에서 말을 빌려 타고 달리다 보면 배도 고프고 밤이 되면 잠도 자야 한다. 그래서 역(참)과 역(참) 사이에 '원'이라는 숙박 장소가 필요했다. 회덕에는 5개가 있었는데, 미륵원, 덕창원, 총술원, 형지원, 여아원이다.< 대덕의 전통마을,p22, 성봉현 대덕문화원, 2000년> 그 중 정민역과 옥천 군북면의 증약역 사이에 '미륵원'이 있었는데, 위치와 운영자에

'대청호 오백리길' 3구간에서 본 미륵원의 일부 _ 실제 미륵원 장소는 대청호에 잠겨 있고, 수몰 전 '남루'를 옮겨 놓은 곳이다.

마패 (장식용이나 소품으로 현재는 쉽게 구매할 수 있다)

대한 기록이 모두 남아있다. 현재 '대청호 오백리길' 3구간을 걷다 보면 미륵원지 안내판을 볼 수 있다.

대전지역에 '역'은 하나였지만 '원'은 많이 있었다. 문지동에는 <덕창원>이 있었다고 한다. 회덕현 지역의 5개와 진잠현, 유성현에도 있었다고 한다. 지금까지 '원'이 지명으로 사용되는 대표적인 장소로는 조치원, 사리원, 이태원 등이 있다.

역과 원은 암행어사를 비롯해 관료들이 지방으로 출장을 다니면서 마패를 보여주고 이용했다. 마패에 새겨진 말의 숫자만큼 말을 빌릴 수 있었다. 역원은 중앙과 지방이 잘 연결될 수 있는 길에 배치했으므로 역원 루트가 현재의 도로 건설에도 반영이 된다. 조선의 10대 도로망을 찾아보고 비교해 봐도 좋겠다.

짚신과 주막

'역원'은 공적인 업무를 위해 만들어진 곳이라고 했다. 그렇다면 일반인들은 어떻게 다녔을지 잠시 생각해 보자. 대부분은 말 대신 짚으로 만든 짚신을 신고 걷다가 밤이 되면 '주막'에서 밥을 먹고 자면서 이동했을 것이다.

육로와 강로

걷는 방법 외에 또 다른 방법은 강이나 바다에서 배를 타는 것이다. 전민동 동쪽에는 갑천이 있어 '정민 나루터'가 있었고, 원촌동 숭현서원 앞에는 서원진이라는 나루터가 있었다. 정민나루터는 호남고속도로가 지나가는 다리 부근으로 신대동으로 건너갈 수 있었고, '서원진 나루터'는 원촌교 바로 옆에 있었다. 갑천은 신탄진에서 내려오는 금강과 합쳐지는 지점부터는 강로의 역할을 했을 것이다. 현재는 강이 교통수단으로 거의 사용되지 않지만, 과거에는 강로도 사용했다는 걸 알 수 있다.

정민역과 봉수대

정민역은 봉수대가 있었던 계족산과 가깝고 잘 보이는 곳에 있다. 봉수도 지방과 중앙의 소식을 전하는 방법으로 적의 침입 같은 변방 지역의 소식을 연기나 불로 신호를 만들어 서울(한양)로 보내는 통신이다. 궁궐에 있는 임금이 잘 보이는 위치에 있는 서울 남산 봉수대는 변방 소식을 빨리 알 수 있게 하는 특급 통신이었다.

정민역 유허비가 세워진 작은 공원

유허비는 어디에 있나

전민동 엑스포 아파트 1단지 옆 큰 도로변에 있다. 이곳에 정민역이
있었다는 내용이 새겨진 유허비가 있다. 유허비(遺 남길 유, 墟 터 허,
碑 비석 비)는 유물은 하나도 남지 않았지만 기록이 전하는 의미 있는
장소에 세운다.

정민역(전민역) 같이 쓰기

정민역은 고려 성종(재위 981~997)때의 기록이 《고려사》에 남아있다.
이후 조선 시대가 되어 '전민역'이 《조선왕조실록_세종실록지리지》에 등장한다. 여기에는 "정민역을 풍속이 잘못 전하여 전민역이라 한다"고 쓰여있다.<금석문과 전설·설화를 통해서 본 정민역, p51, 권영원, 대전역사편찬위원, 2003> 조선시대 초기에 이미 정민역과 전민역이 같이 사용되었음을 알 수 있다. 일반 백성들은 글씨보다 말로 전달되는 시대였으니 정민이란 발음이 전민으로 들리면서 같이 쓰인 걸로 보인다.

2003년 학술조사 때, 정민역과 전민역 중에 오래된 역사에 의미를 두어 정민역으로 부르기로 정했다고 한다.<역참 유허 현장 조사, p63, 연구팀 (한기범,이문종,권영원), 2003> 이름은 시간의 흐름에 따라 변하게 되니 전민역도 같이 사용하면 장소가 더 잘 부각 될 거 같다. 앞으로 정민역(전민역)은 같이 사용해도 좋을 것 같다.

이름	

다음은 본문과 관련된 사건이나 당시 시대적 상황에 대한 것이다. 난이도가 있으니 본인에게 맞는 주제들을 골라 생각을 확장해 보자.

1. '정민역(전민역)' 유허지를 답사하고, 유허비에 새겨진 내용을 읽어보자.

2. 전민동의 행정동과 법정동을 알아보자.

3. 위 본문에서 전민동과 정민리가 나온다. 동(洞)과 리(里)는 어떤 경우에 쓰는지 알아보자.

4. 우리나라에서 최초의 전화기는 언제, 어디에 설치되었는지 찾아보자.

5 현재 전민동 동쪽에는 갑천이 있다. 갑천과 금강과 합류점에서 보트를 타고 공주 공산성까지 간다면 얼마나 걸릴지 추측해 보자.

6. 카톡, 메일, 전화, zoom 등이 있기 전의 시대를 살고 있다고 가정해보자. 친구에게 어떻게 소식을 전할 것인지 방법을 생각해 보고 그 방법으로 친구를 만나보자.

7. 강화도에는 <돈대>가 많이 있다. 봉수대와 돈대의 역할을 알아보자.

8. 조선시대 도로가 현재의 도로에 적용된 경우가 많다. 조선의 10대 도로망을 찾아보고, 현재의 도로와 비교해 보자.

9. 말을 탈 수 없는 일반인들에게 장거리 길을 가기 위해 꼭 필요한 신발은 짚신이다. 짚신 만들기 체험을 해보자.

10. 짚신의 재료인 짚은 무엇이고, 과거와 현재에 짚의 쓰임이 달라진 점은 무엇인가?

짚에 대해 설명해보자	
과거- 짚의 용도	
현재- 짚의 용도	

11. 고려시대 행정구역인 <주,부,군,현>과 <향,소,부곡>에 대해 알아보자.

12. 다음의 거리를 환산해보자.
    - 10리는 몇km인가?
    - 30리는 몇km인가?

13. 우리나라 대표 민요인 <아리랑>에 '10리도 못가서 발병난다'라는 가사가 있다. 10리를 걸으면 물집이나 발병이 생기는지 체험해 보자. (짚신을 대신해서 고무신이나 최대한 불편한 신발을 신고 걸어보자)

- 걷기장소(예시)	전민동 행정복지센터 출발 ---〉			TJB 대전방송 (4km)	
- 걷기장소	(	) ---〉 (		)	
- 출발시간	(	) 시간 (	) 분		
- 도착시간	(	) 시간 (	) 분		
- 소요시간	(	) 시간 (	) 분		
- 걸음수	(	) 보			
- 신발 종류	짚신 ( ), 고무신 ( ), 운동화 ( ), 기타 (			)	

14. 미륵원은 대전지역 최초 복지기관으로도 불린다. 그 이유를 알아보자.

15. 우리 주변에 있는 산성에 올라가 보자.

16. 정민역 유허비 답사 후기를 적어보자.

17. 아래 글에서 모르는 한자를 찾아보고 해석해 보자.

田民驛 自官西 距十里 屬栗峯道, 大馬一匹 騎馬四匹 卜馬三匹, 驛
吏一名 奴婢無

메   모

이 름	

메　　　　모

이 름	

답사 확장하기

※ 창주 김익희 묘

유성도서관 뒤쪽에는 김반의 2남이자 김익겸의 형인 <u>김익희의</u> <u>묘</u>가 있다. 호가 창주여서 <u>창주사적공원</u>으로 되어있다. 유성도 서관 입구 큰 도로변에 안내판이 있다. 조선 시대의 산소나 석물 들을 더 보고 싶은 분은 방문해 봐도 좋겠다.

※ 사계고택

계룡시에 있는 <u>사계고택</u>도 같이 연계해서 둘러보면 역사책에서 만 봤던 인물들이 더욱 더 생동감 있게 다가올 수 있을 것 같다.

※ 돈암서원

논산에 유네스코 세계문화유산으로 지정된 <u>돈암서원</u>과 <u>김장생</u> <u>의 묘</u>가 있다.

※ 남해 노도

서포는 생애 마지막 3년 동안 남해군의 적소(유배지)에서 지내 다 사망했다. 현재 남해 '노도'에는 그를 기리는 <u>문학관</u>을 비롯 해 <u>구운몽원</u>, <u>사씨남정기원</u> 등 많은 기념물이 조성되어 있다.

※ 파주 DMZ

파주시 장단면과 경계가 된 대덕산은 서포의 묘가 조성된 곳이 지만 현재 갈 수 없는 지역이다. 가까이에 도라산역이 있다.

※ 서오릉 견학

서오릉에 서포와 관련 깊은 숙종 임금과 3명의 왕비, 그리고 장희빈 묘가 있다. 신영복(감옥으로부터의 사색: 저자)의 『청구회의 추억』을 읽고 다녀와도 좋겠다.

이름	호	출생-사망		재위 기간 및 관련년도
김장생	사계	1548-1631/ 84세	선조	1567-1608
김 집	신독재	1574-1656/ 82세	광해군	1608-1623
김 반	허주	1580-1640/ 61세	인조	1623-1649
김익겸 (김만중 아버지)	-	1615-1637/ 22세	효종	1649-1659
윤씨부인 (=해평윤씨, 김만중 어머니)	-	1617.9.25-1689.12.22 /73세	현종	1659-1674
김만기 (김만중 형)	서석	1633.2.2-1687.3.15	숙종	1674-1720
김만중	서포	1637.2.10-1692.4.30 /56세	경종	1720-1724
김진화 (김만중 아들)		1655-?	영조	1724-1776
김수혜 (김만중 딸)		1657-?	인조반정	1623
이이명 (김만중 사위)	소재	1658-1722/ 65세	이괄의 난	1624
송시열	우암	1607.12.30-1689.7.19 /83세	정묘호란	1627
송준길	동춘당	1606.12.28-1672.12.2 /67세	병자호란	청 군대 출발시점 음력1636.12.08-1637.1.30 양력1636.12.28.-1637.2.24
김진규	서석		소현세자 볼모에서 풀려나 조선복귀	1645
김양택 (김진규, 영일정씨 아들)	건암	1712~1777	병자호란, 강화도 함락 (정축년)	1637.1.22
김익희 (김반 2남)	창주	1610-1656/ 47세	청나라 국호	1636
윤신지 (정혜옹주 남편, 해평윤씨 할아버지)	연초재	1582-1657/ 76세	명나라 멸망	1644
윤지 (김만중 외할아버지)		1600-1644/ 45세	서포 김만중 사망	1692
이은상 (김만중 장인)	동리	1617-1678/ 62세	김만중 사후 복권	1694
이이	율곡	1536-1584/ 48세	김만중 정려 받음	1706
최명길	지천	1586-1647/ 61세	김반 신도비	1661
김상용	선원	1561-1637/ 77세	숙종 세자빈 (인경왕후)	1671-1674
김상헌	청음	1570-1652/ 82세	인경왕후 (서포의 조카)	1674-1680

참고문헌

서포연보/ 김병국,최재남,정운채 역/ 서울대학교 출판부, 1992

서포만필 상,하/ 김만중 지음, 심경호 옮김/ 문학동네, 2023

서포 김만중의 생애와 문학/ 김병국/ 서울대학교출판부, 2003

윤씨부인의 삶과 그 정신/ 설성경/ 지식과교양, 2011

유성의 역사와 지명유래/ 유성문화원, 2000

선비고을 유성이야기/ 송백헌, 김용관 편저/ 유성문화원

서포 김만중의 생애와 철학/서포김만중선생기념사업회/ 종려나무

전민동 삼강(충,효,열) 유적의 인물과 정신/ 서포선생기념사업회/ 한남대학교 충청
학연구소/ 종려나무, 2008

대덕의 전통마을/ 성봉현/ 대덕문화원, 2000년

구운몽/ 김만중 지음, 송성욱 옮김/ 민음사, 2004

사씨남정기/ 김만중 지음, 이래종 옮김/ 태학사, 2004

새로 보는 대전 역사/ 송형섭/ 도서출판 나루

천년 고을, 회덕 이야기/ 송백헌/ 종려나무, 2009

대덕의 재발견/ 강성복/ 북커뮤니케이션즈, 1996

회덕의 현감/ 성봉현/ 동인문화사, 2007

정민역의 역사와 정민역터 (정민역 기초학술조사 보고서)/ 한남대 충청학 연구
소/ 2003

   - 정민역의 역사와 위상/ 한기범 (한남대 사학과 교수)

   - 지리·지도를 통해서 본 정민역의 위치/ 이문종(공주대 지리학과 교수)

- 금석문과 전설·설화를 통해서 본 정민역 / 권영원 (대전광역시시사편찬위원)

- 역참 유허 현장 조사/ 한기범,이문종,권영원

광산김씨 족보/ 발행처: 광산김씨허주공파보소/ 발행인: 김건중, 2010

노세신 장군 기념비문/ 송백헌 지음, 2003

정민역 유허비문/ 유성구, 2004

전민동 상여놀이 사진/ 유성문화원, 2023

전민동 답사 지도

| 찾아가는 길 |

- 전민동 답사 1 : 서포 김만중 문학비/ 정려각/ 석상
  대전광역시 유성구 유성대로1665번길 21-8
- 전민동 답사 2 : 김반·김익겸의 묘
  대전광역시 유성구 전민동 251-5
- 전민동 답사 3 : 연산서씨·김익겸 정려/ 김반 신도비/ 김만중 충
  효소설비
  대전광역시 유성대로 1665번길 8-13
- 전민동 답사 4 : 정민역 유허비
  대전광역시 유성구 전민동 464-2

| 대중교통 안내 |

- 답사 1, 답사 2, 답사 3   ⇨ 버스 : 918, 121, 마을1번
  (버스정거장 : 전민동 선비마을 하차)
- 답사 4   ⇨ 버스 : 705, 802, 마을1번
  (버스정거장 : 태광산업연구소 하차)

전민동에서 고려와 조선을 만나다.(우리동네 문화유산 답사)

2024년 8월 일 인쇄
2024년 8월 일 발행

지은이　　　김미숙
디자인 · 인쇄　동인문화사
등록번호　　제 사144 호
주　소　　　대전광역시 동구 태전로131번길 2
전　화　　　042-631-4165
이메일　　　dongin71@daum.net

ISBN　979-11-88629-18-3